Technik Profil
Arbeiten und Produzieren

Arbeitsheft

Herausgeber
Hans Kaminski

Autorin
Britta Fugel

westermann

Bildquellenverzeichnis

Alstom Deutschland GmbH, Salzgitter: 20.2; Anders ARTig Werbung + Verlag GmbH, Braunschweig: 10.2, 26.1; Autorenteam Hannover (ATH), Hannover: 17.3; Berufsgenossenschaft Holz und Metall, Mainz-Weisenau : 17.2; BITO-Lagertechnik Bittmann GmbH, Meisenheim: 6.3; Blickwinkel, Witten: 4.1 (D. Mahlke); Christen, M., Erftstadt-Lechenich: 6.4; Druwe & Polastri, Weddel: 3.1, 13.2, 13.3, 14.1, 17.5; Feeken, H. , Bad Zwischenahn: 18.1, 20.1; fotolia.com, New York: 3.2 (© contrastwerkstatt), 7.1 (© Petr Gnuskin), 7.2 (© JackF -), 7.4 (© Kaarsten), 10.1 (© J. Krechowicz), 13.1 (© imageteam), 15.1 (© createur), 15.4 (© T. Michel), 17.10 (© K.-P. Adler), 17.6 (© G. Sanders), 17.7 (© dasglasauge), 17.8 (© contrastwerkstatt), 17.9 (© contrastwerkstatt), 36.1 (© contrastwerkstatt), 44.1 (womue); Hegner Präzisionsmaschinen GmbH, Villingen-Schwenningen: 17.1; Henzler, Nürtingen: 16.1, 17.4; Hoffmann, K., Hannover: 25.2; Image & Design - Agentur für Kommunikation, Braunschweig: 23/23 (6); Imhof, U., Buxtehude: 8.1; iStockphoto, Calgary: 36.2, 43.1; Kohn, K. G., Braunschweig: 7.3; Künstner, R., Halle/Saale: 9.1; LOKOMOTIV Fotografie, Essen: 6.2 (T. Willemsen); Martens, S. , Braunschweig: 10.3; MEV Verlag, Augsburg: 5.3 (Creativstudio); Panther Media, München: 5.1 (Barndt); PhotoAlto, Berlin: 30.1 (Ale Ventura); Picture Alliance, Frankfurt/M.: U1 re.o. (dpa/AFP/D. Meyer), 12.1 (Sander/M. Kötter); Pitopia, Karlsruhe: 5.4; piou kunst + grafik, Braunschweig: U1 li.; ullstein bild, Berlin: 13.4 (Bonn-Sequenz); Zoonar.com, Hamburg: U1 u.re. (S. Steyer-Werner). Alle übrigen Grafiken und Schaubilder: Westermann Technisch Graphische Abteilung Braunschweig.

© 2012 Bildungshaus Schulbuchverlage
Westermann Schroedel Diesterweg Schöningh Winklers GmbH, Braunschweig
www.westermann.de

Das Werk und seine Teile sind urheberrechtlich geschützt. Jede Nutzung in anderen als den gesetzlich zugelassenen Fällen bedarf der vorherigen schriftlichen Einwilligung des Verlages.
Hinweis zu § 52a UrhG: Weder das Werk noch seine Teile dürfen ohne eine solche Einwilligung gescannt und in ein Netzwerk gestellt werden. Dies gilt auch für Intranets von Schulen und sonstigen Bildungseinrichtungen.
Auf verschiedenen Seiten dieses Buches befinden sich Verweise (Links) auf Internet-Adressen.
Haftungshinweis: Trotz sorgfältiger inhaltlicher Kontrolle wird die Haftung für die Inhalte der externen Seiten ausgeschlossen. Für den Inhalt dieser externen Seiten sind ausschließlich deren Betreiber verantwortlich. Sollten Sie bei dem angegebenen Inhalt des Anbieters dieser Seite auf kostenpflichtige, illegale oder anstößige Inhalte treffen, so bedauern wir dies ausdrücklich und bitten Sie, uns umgehend per E-Mail davon in Kenntnis zu setzen, damit beim Nachdruck der Verweis gelöscht wird.

Druck A [1] / Jahr 2012
Alle Drucke der Serie A sind im Unterricht parallel verwendbar.

Redaktion: Christian Becker
Herstellung: Andreas Losse
Umschlaggestaltung: Jürgen Kochinke, Holle
Innenkonzept: Denis Steinwachs, Braunschweig
Satz: AndersARTig Werbung & Verlag GmbH, Braunschweig
Druck und Bindung: westermann druck GmbH, Braunschweig

ISBN 978-3-14-**116127**-4

1 Planen, Konstruieren, Herstellen

Werkstoff Holz 4
Werkstoff Metall 5
Werkstoff Kunststoff 6
Eigenschaften von Werkstoffen 7
Recycling von Werkstoffen 8
Planung eines Werkstücks 9
Vorbereitung einer Werkstofffertigung 10
Fertigungsablaufplan 11
Analyse des Fertigungsprozesses 12
Berufsbilder Fertigung 13

2 Sicheres Arbeiten mit Werkzeugen und Maschinen

Verhalten im Technikunterricht 14
Hinweisschilder/Warnzeichen 15
Regeln nach dem Unterricht 16
Die Nutzung von Maschinen 17
Die Ständerbohrmaschine 18
Bohrer 20
Der Umgang mit Maschinen 21
Gefahrenquellen an der Ständerbohrmaschine 22
Bohrertypen 23

3 Technisches Zeichnen

Die Sprache der Zeichnung 25
Hilfsmittel und Materialien 26
Skizzen und Zeichnungen 27
Darstellung von Gegenständen 28
Linienarten 29
Blattgrößen 30
Zeichnungen und Formate 31
Normen 32
Maßstäbe 33
Parallelperspektiven 35
Tafelprojektionen 36
Aufgaben zur Eintafelprojektion 38
Übungen zur Zwei- und Dreitafelprojektion 39
Ansichten 40
Prismatische Werkstücke 41
Prismatische Ansichten 42
Drei Ansichten 43
Räumliche Darstellungen 44
Prismatisches Werkstück: Sperrklinke 46
Prismatisches Werkstück: Nutenstück 47
Arbeitspläne erstellen 48

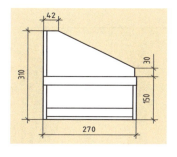

1 Werkstoff Holz

Wir nutzen wir den Wald zur Erholung und sind bestrebt ihn zu schützen. Aber auch seine Nutzfunktion ist für uns von großer Bedeutung. Der Wald liefert den umweltfreundlichen und nachwachsenden Rohstoff **Holz**, den wir vielfältig benötigen z. B. zum Heizen, Bauen und Fertigen von Möbeln und anderen Holzwerkstoffen. Unterschiedliche Holzarten werden hierbei für unterschiedliche Zwecke verwendet.

1. Was bedeutet es, wenn man von der Nachhaltigkeit des Holzes spricht?

_____

_____

_____

2. Ordne den Ziffern von 1–8 die richtigen Begriffe zum Aufbau eines Baumstammes zu.

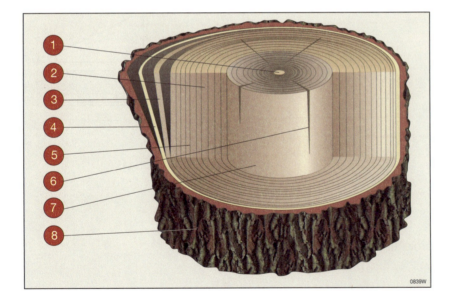

1	
2	
3	
4	
5	
6	
7	
8	

3. Welche Holzarten kennt ihr und wodurch unterscheiden sie sich?

_____

_____

_____

_____

1 Werkstoff Metall

Nicht nur Holz ist in unserem Alltag als Werkstoff von großer Bedeutung. Mindestens ebenso häufig begegnen wir mittlerweile Gegenständen aus **Metall** in der Industrie, im Haushalt oder in der Freizeit.
Das Fahrrad zum Beispiel, was viele von euch täglich nutzen, enthält große Anteile dieses Werkstoffes.
Metalle können aus sehr unterschiedlichen Metallmischungen bestehen, auch Legierungen genannt.

1. Recherchiere im Internet, wie Eisen gewonnen wird, und notiere diesen Vorgang stichwortartig.

_____
_____
_____
_____

2. Metall ist ein vielfältiger Werkstoff. Kennzeichne seine Eigenschaften und belege diese anhand von Beispielen.

_____
_____
_____
_____

3. Nenne Gegenstände aus dem täglichen Leben, die aus Metall sind. Bestimme deren genaue Metallart und versuche zu erläutern, warum genau diese Art für den Gegenstand benutzt wird.

_____
_____
_____
_____

1 Werkstoff Kunststoff

Der Werkstoff Metall wurde in den letzten Jahrzehnten immer stärker durch einen neuen verdrängt: **Kunststoff**. Heute ist Kunststoff im Alltag allgegenwärtig. Wir finden Kunststoffe im Haushalt, in unserer Kleidung, im Auto, aber auch an dem bereits erwähnten Fahrrad. Computer und Handys bestehen ebenfalls zu großen Teilen aus Kunststoffen.

Was aber macht diesen Werkstoff so attraktiv?
Ein wichtiger Grund ist sicherlich seine Verformbarkeit. So ist es möglich, Gegenstände aus Kunststoff in vielen Formen herzustellen.

1. Recherchiere im Internet oder in Büchern, wie Kunststoffe hergestellt werden, und notiere deine Ergebnisse.

_____

_____

_____

_____

2. Wir unterscheiden drei Kunststoffarten: **Duroplaste**, **Thermoplaste** und **Elastomere**. Finde heraus, wie sich die Eigenschaften diese drei Kunststoffarten unterscheiden und finde Beispiele für ihre Verwendung.

Kunststoffart	Eigenschaften	Verwendung
Duroplaste		
Thermoplaste		
Elastomere		

1 Eigenschaften von Werkstoffen

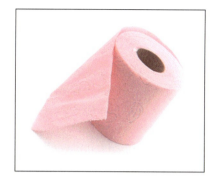
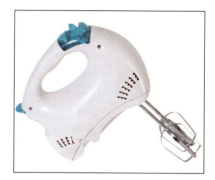

Die drei genannten Werkstoffe finden wir in unterschiedlichen Varianten wieder. Wir umgeben uns mit vielen Gegenständen aus unterschiedlichsten **Materialien**, die für uns selbstverständlich geworden sind.
Über ihre Herkunft, ihre Gewinnung und ihren Herstellungsprozess machen wir uns keine Gedanken.
Die Toilettenpapierrolle zum Beispiel ist einfach da. Ihre Existenz ist für uns das Normalste der Welt. Welchen technischen Aufwand es bedeutet, sie herzustellen, wissen die Wenigsten. So geht es uns mit vielen Alltagsgegenständen, deren Eigenschaften und Vorzüge wir gerne nutzen.

1. Benennt weitere euch bekannte Werkstoffe und ordnet ihnen auf einem Extrablatt die in der Tabelle aufgeführten Werkstoffeigenschaften zu.

Werkstoffeigenschaften	
hart	weich
elastisch	plastisch
spröde	zäh
starr	biegsam
leicht	schwer
witterungsbeständig	witterungsunbeständig
wärmeleitend	wärmedämmend
elektrisch leitend	isolierend
durchsichtig	undurchsichtig
umweltverträglich	umweltbelastend

2. Führt Experimente mit unterschiedlichen Werkstoffen bezüglich ihrer Gebrauchs- sowie Be- und Verarbeitungseigenschaften durch und notiert diese. Die Tabelle gibt ein Beispiel.

Werkstoff	Gebrauchseigenschaften	Be- und Verarbeitungseigenschaften
Stahl	zäh, belastbar	kalt spannbar, warm umformbar

1 Recycling von Werkstoffen

Die technische Entwicklung hat es möglich gemacht, viele unterschiedliche Materialien für zahlreiche Gegenstände zu nutzen. So werden Möbel heute nicht nur aus Holz, sondern auch aus Metall und Kunststoffen gefertigt, und auch im Autobau kommen mittlerweile zahlreiche Werkstoffe im Mix zum Einsatz. Wir wissen aber, dass Werkstoffe nicht unbegrenzt zur Verfügung stehen. Es gilt daher, Material zu sparen und wiederzuverwerten. Diesen Prozess der Wiederverwertung bzw. Wiederaufbereitung nennt man **Recycling**.
Zahlreiche Gegenstände unseres täglichen Lebens werden bereits durch dieses Verfahren produziert, auch wenn uns dies nicht immer bewusst ist.

1. Man unterscheidet im Allgemeinen drei Recycling-Arten. Nenne und erkläre sie.

_____
_____
_____
_____
_____

2. Welche Möglichkeiten zum sparsamen Umgang mit Werkstoffen gibt es? Nenne sie und finde zu jeder Möglichkeit ein Beispiel.

_____
_____
_____
_____

3. Erkundigt euch in einer Kfz-Werkstatt oder einem Autohaus, wie neue Fahrzeuge recyclingfreundlicher gestaltet werden.

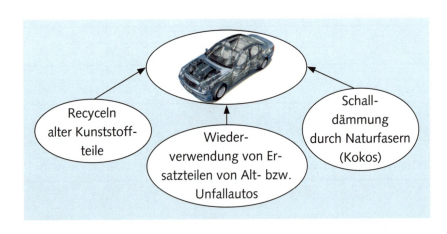

1 Planung eines Werkstücks

Für die **Planung** und **Fertigung** eines Werkstücks sind vorab unterschiedliche Fragen zu klären und zu beantworten. So sind bestimmte Grundfertigkeiten, Fähigkeiten und Kenntnisse zu ermitteln und anzueignen, das Einteilen des Gesamtvorhabens in Teilschritte ist festzulegen usw.

Entscheidend bei der Planung sind außerdem die Auswahl des zu verwendenden Materials und die anfallenden Kosten.

Manchmal muss bei einer Planung auf ein anderes Material bzw. eine alternative Holzart zurückgegriffen werden. Gründe können Kosten oder Beschaffungsschwierigkeiten sein. Wichtig ist, dass darunter die Qualität nicht entscheidend leidet.
Berücksichtigt diese Aspekte bei der folgenden Aufgabe.

1. Für einen Getränketräger wird folgendes Material gebraucht:
   ein Brett 150 x 15 von einer Länge von 850 (Trägerteile plus Boden); eine Holzleiste 15 x 6 von einer Länge von 1650; ein Rundstab von 15 Durchmesser mit einer Länge von 280; 6 Holzschrauben 3 x 35.
   Es sollen 20 Getränketräger hergestellt werden. Berechnet den Materialbedarf. Berücksichtigt dabei einen Verschnitt von ca. 10 %. Holt anschließend Angebote in zwei unterschiedlichen Baumärkten ein.

Angebotsvergleich			
Artikel	Preisgrundlage	Baumarkt A	Baumarkt B
Brett 150 x 15	pro Meter		
Holzleiste 15 x 6	pro Meter		
Rundstab aus Holz	pro Meter		
Holzschrauben 3 x 35	50 Stück		
Holzschrauben 1,5 x 15	50 Stück		
Materialkosten insgesamt			

2. Erkläre anhand von Beispielen den Unterschied zwischen Einzel- und Serienfertigung.

_____

_____

_____

_____

_____

9

1 Vorbereitung einer Werkstückfertigung

Bevor man also einen Gegenstand fertigen kann, muss dieser sorgfältig geplant und konstruiert werden, um so Fehler in der Fertigung zu vermeiden.
Neben der **Materialauswahl** und **Kostenanalyse** benötigt man unter anderem auch eine **technische Zeichnung**.

1. Es soll im Technikunterricht ein Gebrauchsgegenstand gefertigt werden. Einigt euch auf einen Gegenstand und untersucht, welche Materialien für diesen Gegenstand aus welchen Gründen geeignet sind.

   _____
   _____
   _____
   _____
   _____
   _____
   _____
   _____
   _____
   _____
   _____
   _____
   _____
   _____

2. Erarbeitet eine technische Zeichnung, eine Stückliste und die Materialkosten für den zu fertigenden Gegenstand.

1 Fertigungsablaufplan

Nachdem ihr euch auf einen Gegenstand und die Materialien verständigt, eine technische Zeichnung erstellt sowie die Materialkosten ermittelt habt, geht es nun an die konkrete Planung der einzelnen **Arbeitsschritte**.

1. Haltet die Arbeitsschritte für den in der Schulwerkstatt herzustellenden Gebrauchsgegenstand schriftlich fest.

1. Arbeitsschritt: _____

_____

_____

_____

_____

_____

_____

2. Übertragt die Arbeitsschritte in einen Arbeitsplan.

Arbeitsplan			
Arbeits-folge	Arbeitsvorgang	Arbeitsplatz	Werkzeug Vorrichtung
1			
2			
3			
4			
5			
6			

3. Stellt die Bestimmungen des Arbeitsschutzes und der Arbeitssicherheit zusammen, die bei der Fertigung zu berücksichtigen sind.

_____

_____

_____

_____

1 Analyse des Fertigungsprozesses

Nach dem sorgfältigen Planen und Konstruieren folgt die Fertigung des Gebrauchsgegenstandes. Hierbei müsst ihr alle Aspekte und Arbeitsschritte, die ihr auf den vorherigen Seiten aufgestellt habt, berücksichtigen. Ist das Werkstück fertiggestellt, sollten der **Fertigungsablauf** wie auch das Produkt selber nochmals **analysiert** werden. Dies ist wichtig, um die Erfahrungen, die ihr während der Fertigung gesammelt habt, zukünftig nutzen zu können und mögliche Fehler zu vermeiden.

1. Überprüft eure Arbeitsorganisation, eure Arbeitsweise, die Arbeitssicherheit und den Werkstoffeinsatz.

Das ist gut gelaufen:

_____

_____

_____

Das muss beim nächsten Mal besser laufen:

_____

_____

_____

2. Erstelle eine Bewertungstabelle für den hergestellten Gebrauchsgegenstand.

Eigenschaft \ Eignung	sehr gut	gut	ausreichend	ungenügend
Aussehen				
Abmessungen				
Farbe				
Handhabung				
Funktionssicherheit				
Fertigungsqualität				

1 Berufsbilder Fertigung

Bei der Fertigung eines Gebrauchsgegenstandes habt ihr euch automatisch mit den Tätigkeiten unterschiedlicher **Berufe** auseinandergesetzt. Vielleicht habt ihr dies gar nicht bemerkt.

Aber das Zeichnen gehört zum Tätigkeitsbereich des technischen Zeichners, das Sägen zu unterschiedlichen Berufen wie z. B. zum Aufgabenbereich des Tischlers. Es zeigt sich, dass für die meisten Gegenstände mehrere Fertigkeiten und auch verschiedene berufliche Ausbildungen benötigt werden.

1. Liste auf, welche Berufe sich bei der Planung und Herstellung eures Gebrauchsgegenstandes wiederfinden lassen.

   _____
   _____
   _____
   _____

2. Erstelle für mindestens vier der ermittelten Berufe kurze Steckbriefe. Wie dieser aussehen kann, ist euch selber überlassen. Helfen kann euch hierbei die Internetseite der Agentur für Arbeit.

   _____
   _____
   _____
   _____
   _____
   _____
   _____

3. Stelle einen dieser Berufe euren Mitschülern vor. Für deinen Vortrag kannst du hier kurze Stichworte festhalten, die dir helfen können, einen möglichst freien Vortrag zu halten.

   _____
   _____
   _____

2 Verhalten im Technikunterricht

Der Technikunterricht unterscheidet sich von vielen anderen Fächern vor allem dadurch, dass du überwiegend praktisch und selbstständig arbeitest. Hierfür musst du den ganzen Technikraum nutzen und dich in diesem natürlich auch gut auskennen.

Da du aber nicht alleine in diesem Raum arbeitest, gibt es feste **Verhaltensregeln**, die jeder Schüler und jede Schülerin einhalten müssen, um Gefahren und Verletzungen zu vermeiden.
Diese Verhaltensregeln hängen zumeist gut sichtbar im Technikraum. Du solltest sie dir zu deiner Sicherheit und der der anderen Schülerinnen und Schüler einprägen.

1. Nenne die Grundregeln, die jeder beim Aufenthalt und bei der Arbeit im Technikraum zu berücksichtigen hat. Erläutere auch, warum dieses Verhalten wichtig ist.

_____
_____
_____
_____
_____
_____

2. Ergänze die Tabelle mit den Regeln für den Umgang mit Werkzeug.

Umgang mit Werkzeug	Regeln
Entnahme	
Transport	
Verwendung	
Rückgabe	

2 Hinweisschilder/Warnzeichen

Jeder Technikraum sollte mit **Hinweisschildern** versehen sein, die der Sicherheit dienen und unbedingt beachtet werden müssen. Die **Symbole** gelten vielfach weltweit und sind natürlich auch außerhalb von Schulräumen in öffentlichen Gebäuden, Fabriken usw. anzutreffen.

1. Erkunde deinen Technikraum. Welche Hinweisschilder findest du? Was bedeuten sie?

_____
_____
_____
_____
_____

2. Hier sind unterschiedliche Hinweisschilder und Warnzeichen abgebildet. Notiere ihre Bedeutung.

15

2 Regeln nach dem Unterricht

Nicht nur während des Unterrichts müssen bestimmte **Regeln** zur eigenen Sicherheit und der der anderen beachtet werden.

Auch nach dem Unterricht bzw. während des Aufräumens sind bestimmte **Maßnahmen** und **Verhaltensregeln** wichtig.

Diese Regeln gelten im Übrigen auch in herstellenden Betrieben und dienen hier dem Schutz der Arbeiterinnen und Arbeiter.

1. Mache dir Gedanken zu den Sicherheitsmaßnahmen und Verhaltensregeln während der Aufräumphase. Was musst du beachten und warum?

   _____
   _____
   _____
   _____
   _____

2. Wie musst du dich im Gefahrenfall verhalten? Notiere deine Vermutungen und begründe sie.

   _____
   _____
   _____
   _____
   _____

3. Fasse in drei Sätzen zusammen, was Schüler in Bezug auf den Maschinenraum wissen und einhalten müssen.

   _____
   _____
   _____
   _____
   _____

2 Die Nutzung von Maschinen

Selbst in Anwesenheit und unter Aufsicht der Lehrkraft dürfen die Schülerinnen und Schüler nur ganz bestimmte Maschinen benutzen. Und dies darf auch nur nach einer ausführlichen **Einweisung** durch die Lehrerin oder den Lehrer erfolgen.

Alle schnelldrehenden Maschinen, die sich meistens im Maschinenraum der Schule befinden, dürfen nicht benutzt werden.

Diese dürfen Jugendliche erst ab dem 16. Lebensjahr nach dem Ablegen eines **Maschinenscheins** bedienen. Der Maschinenschein wird in einem speziellen Lehrgang erworben.

1. Kreuze an, welche der abgebildeten Maschinen von Schülern nach einer gründlichen Einweisung durch den Techniklehrer genutzt werden dürfen.

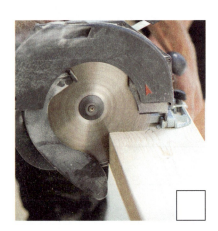
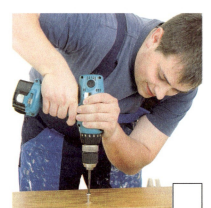

2 Die Ständerbohrmaschine

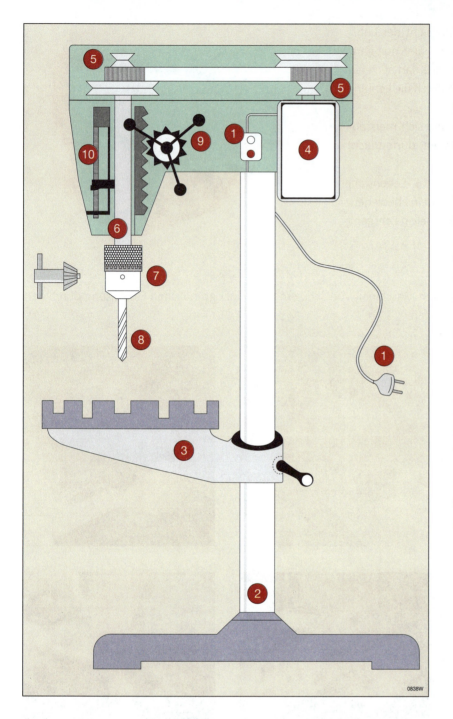

In der Technik ist eine der wichtigsten Verbindungstechniken das Verschrauben bzw. Vernieten. Hierfür sind Löcher notwendig. Die einfachste Methode, Werkstoffe mit Löchern zu versehen, ist das **Bohren**.

Diese Technik lässt sich bis in die Steinzeit zurück verfolgen. Bereits in dieser Zeit benutzten die Menschen Bohrapparate, die den heutigen Bohrmaschinen in ihrem Aufbau und ihrer Funktionsweise erstaunlich ähnlich waren.

Das Bohren kann mithilfe von manuellen und automatischen bzw. elektrischen Bohrern geschehen.

Zunächst solltest du dich mit der **Ständerbohrmaschine** auseinandersetzen.

Ständerbohrmaschinen sind häufig fest an einem Arbeitstisch installiert und bilden mit diesem eine Einheit.

1. Benenne die nummerierten Teile der Ständerbohrmaschine und erläutere ihre jeweiligen Funktionen.

1 _____

_____

_____

2 _____

_____

_____

18

2 Die Ständerbohrmaschine

2 Bohrer

1. Links abgebildet ist ein **Bohrapparat** mit Fiedelantrieb aus der Steinzeit. Versuche zu erklären, wie diese Apparatur funktionierte.
   Hinweis: Der runde Stab in der Mitte ist ein hohler Knochen, der mit Sand gefüllt wurde.

   _____
   _____
   _____
   _____
   _____
   _____
   _____

2. Vergleicht die elektrische Tischbohrmaschine mit dem Steinzeit-Bohrapparat. Welche Elemente finden sich an beiden Maschinen?

   _____
   _____
   _____
   _____
   _____
   _____
   _____

3. Skizziere auf einem Extrablatt zeichnerisch die drei wichtigsten Bohrertypen, benenne und beschrifte sie. Notiere auch, für welche Werkstoffe sie geeignet sind.

2 Der Umgang mit Maschinen

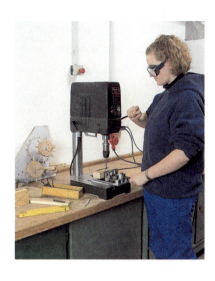

Nachdem du dich mit dem Aufbau und den Funktionen der **Ständerbohrmaschine** vertraut gemacht hast, musst dich mit der Handhabung dieser Kleinmaschine beschäftigen. Erst dann bist du auch berechtigt, sie zu bedienen.

Beim **Umgang** mit der Ständerbohrmaschine sind wichtige Regeln zu beachten, um Unfälle zu vermeiden. Diese Regeln müsst ihr unbedingt kennen und anwenden.

Sinnvoll ist es, die Regeln direkt über der Bohrmaschine an der Wand gut sichtbar in ausreichend großer Schrift aufzuhängen, sodass sie euch immer gegenwärtig sind.

So kann die Unfallwahrscheinlichkeit verringert werden.

1. Nenne die zehn wichtigsten Sicherheitsregeln, die du im Umgang mit der Ständerbohrmaschine beachten musst.

_____

_____

_____

_____

_____

_____

2. Wählt eine weitere Maschine aus, mit der ihr nach Einweisung durch den Techniklehrer arbeiten dürft und nennt für ihren Umgang die Sicherheitsregeln.

_____

_____

_____

_____

_____

3. Welche Sicherheitsregeln wiederholen sich?

_____

_____

_____

2 Gefahrenquellen an der Ständerbohrmaschine

1. a) Beschreibe den Inhalt der Bilder. Was ist offensichtlich passiert?
  b) Notiere in Stichpunkten, wie die Unfälle an der Bohrmaschine hätten vermieden werden können.

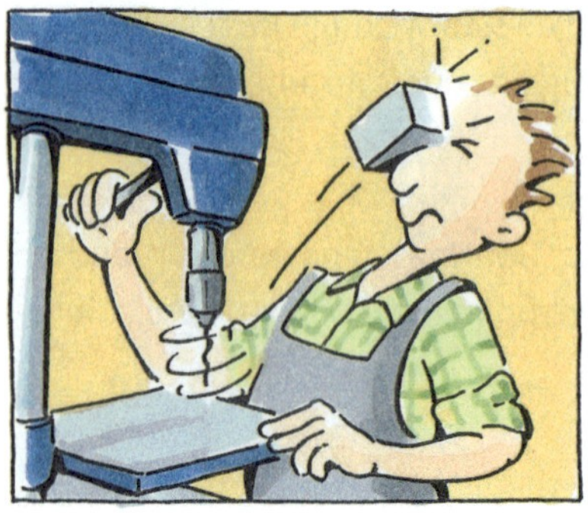

a) _____
_____
_____
_____

b) _____
_____
_____
_____

a) _____
_____
_____
_____

b) _____
_____
_____
_____

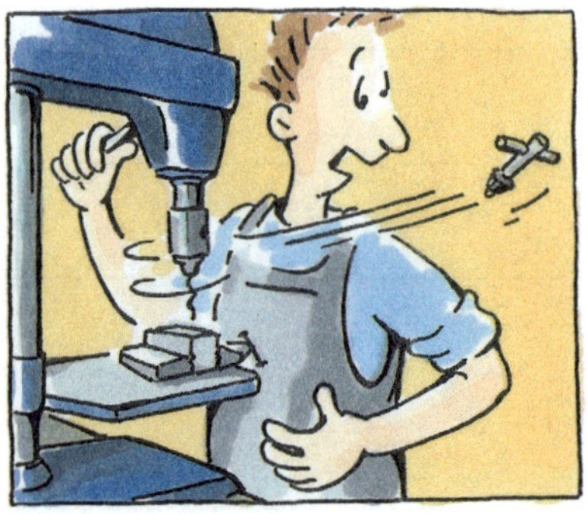

a) _____
_____
_____
_____

b) _____
_____
_____
_____

2 Gefahrenquellen an der Ständerbohrmaschine

a) _____

b) _____

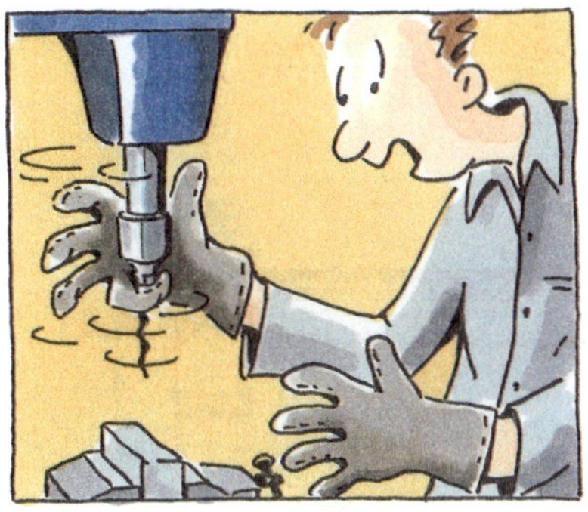

a) _____

b) _____

a) _____

b) _____

2 Bohrertypen

Bohren ist ein Trennverfahren, bei dem Löcher produziert werden. Je nach Material verwendet man unterschiedliche **Bohrer**. Sollte man je versucht haben, mit einem Steinbohrer ein Loch in Holz zu bohren, wird man bemerkt haben, dass sich dies sehr schwierig gestaltet. Deshalb ist es wichtig, dass man die unterschiedlichen Bohertypen kennt und richtig anwendet. Jeder **Bohrertyp** hat eindeutige Merkmale, mit deren Hilfe er sich von den anderen unterscheiden lässt.

1. Abgebildet sind unterschiedliche Bohrertypen – und zwar: Forstnerbohrer, Schlangenbohrer, Steinbohrer, Spiralbohrer. Ordne ihnen die folgenden Bezeichnungen richtig zu.

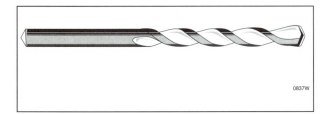

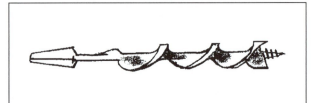

_____

_____

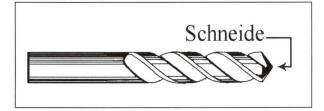

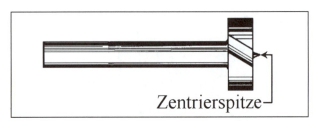

_____

_____

2. Beim Bohren von Löchern in Metall sind bestimmte Aspekte zu beachten. Nenne drei.

_____

_____

_____

_____

3. Erkläre mithilfe eines Beispiels den Begriff Vorschubkraft.

_____

_____

_____

_____

3 Die Sprache der Zeichnung

In der technischen Kommunikation ist die **technische Zeichnung** vorherrschend.

Sie erleichtert es uns, geplante Werkstücke zu verstehen, nachzuvollziehen und anzufertigen. Diese Art der Kommunikation ist national und international genormt, sodass man sich über Sprachgrenzen hinweg verständigen kann und es keine Missverständnisse geben sollte. Bei technischen Zeichnungen sind sowohl die Linienstärken als auch die Bemaßung genormt. Das heißt, es bleibt kein persönlicher Gestaltungsfreiraum beim Anfertigen einer technischen Zeichnung. Die Vorgaben sind eindeutig.

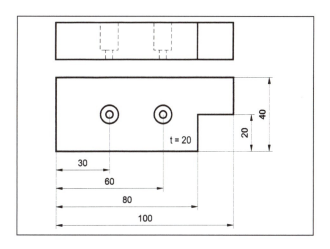

1. Fertige eine freihändige Skizze zum Begriff „Lampe" an.

2. Abgebildet ist die Ansicht einer Ständerbohrmaschine. Beschreibe ihr Aussehen. Verwende dabei die dir bekannten Fachbegriffe.

3. Es zeigt sich, dass die zeichnerische Darstellung Vorteile hat. Nenne mindestens drei.

3 Hilfsmittel und Materialien

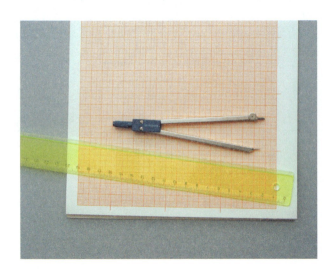

Zum Zeichnen oder auch Skizzieren benötigt man unterschiedliche **Hilfsmittel** und **Materialien**.
So ist das Anfertigen einer guten Zeichnung bzw. Skizze leichter zu bewältigen und exakter zu erledigen.

Auch du benötigst in der Schule während der Unterrichtseinheit „Technisches Zeichnen" diese Hilfsmittel und Materialien.
Hierzu zählen spezielle Blätter, Stifte, Messwerkzeuge usw.
Deshalb solltest du wissen, um welche es sich handelt, wo sie sich befinden, wie du sie einsetzen kannst und welche Vorteile sie bieten.

1. Recherchiere im Internet, welche Hilfsmittel und Materialen du zum Zeichnen und Skizzieren benötigst, und vervollständige die Tabelle.

Hilfsmittel bzw. Material	Ausstattung
Skizzier- und Zeichenblätter	
Zeichenstifte	
Lineale	
Zeichendreiecke	
Radiergummi	

2. Eine häufig genutzte Methode beim Zeichnen ist die Parallelverschiebung. Erkläre diesen Begriff und denke dir eine Figur aus, die du mit ihrer Hilfe anfertigst.

_____
_____
_____
_____

3 Skizzen und Zeichnungen

Wir unterscheiden in der technischen Kommunikation **Skizzen** und **Zeichnungen**. Skizzen sind für die ersten Ideen gedacht. Man hält diese wie bei einem Brainstorming (Gedankenaustausch) in einer Skizze fest.

Später kann man sich dann eventuell eine dieser Skizzen vornehmen, mit ihr weiterarbeiten und eine entsprechende Zeichnung anfertigen.

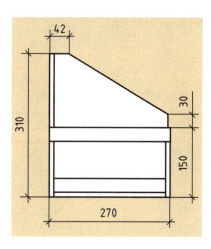
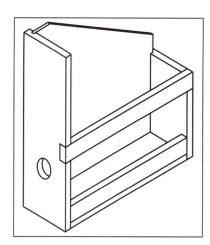

1. Definiere die Begriffe „Skizze" und „Zeichnung".

Skizze: _____

_____

_____

Zeichnung: _____

_____

_____

2. Führe stichwortartig die Merkmale einer Skizze und einer Zeichnung auf.

Merkmale der Skizze: _____

_____

_____

_____

Merkmale der Zeichnung: _____

_____

_____

_____

3. Skizziere einen Entwurf zum Begriff CD-Ständer auf einem Extrablatt.

3 Darstellung von Gegenständen

1. Trage die sichtbaren Teile in die drei Ansichten ein.

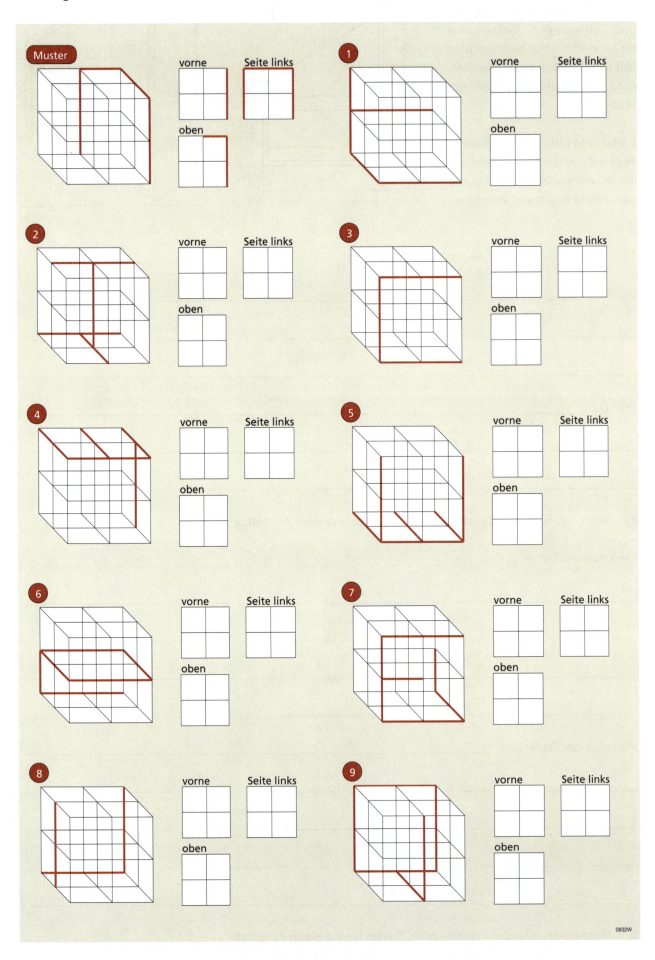

28

3 Linienarten

Bei der Anfertigung einer technischen Zeichnung bedient man sich unterschiedlicher **Linienarten**, die alle eine andere Bedeutung und Anwendung haben.

Diese Linienarten unterscheiden sich, wie du in der Abbildung rechts sehen kannst, nicht nur in ihrer Form, sondern auch in der Linienstärke. Das heißt, manche sind breiter und andere sind schmaler.

Da auch diese Linienstärken genormt sind, benötigst du beim technischen Zeichnen unter anderem Minenbleistife in den Stärken 0,3 mm, 0,5 mm und 0,7 mm.
Auch die Normung der Linien dient der Einheitlichkeit und Eindeutigkeit der Zeichnungen.

1. In der Tabelle sind die unterschiedlichen Linienarten aufgeführt. Recherchiere im Internet, wofür sie bei der Anfertigung einer technischen Zeichnung angewendet werden und welche Breite sie haben. Trage die Ergebnisse in die Tabelle ein.

Linienart	Anwendung	Breite
breite Volllinie		
Volllinie		
Strichlinie		
Strich-Punkt-Linie		
Freihandlinie		

2. Zeichne nun selbst die jeweilige Linie in die rechte Spalte der Tabelle ein.

breite Volllinie	
Volllinie	
Strichlinie	
Strich-Punkt-Linie	
Freihandlinie	

3. Überlege dir eine kleine technische Zeichnung, in der alle Linienarten vorkommen, und bezeichne diese mindestens einmal.

3 Blattgrößen

Die **Blattgrößen** sind nicht nur in der Technischen Kommunikation genormt. Am bekanntesten ist sicherlich die Bezeichnung DIN A4, die euch auch im Schulalltag ständig begegnet. Es gibt aber noch zahlreiche andere genormte Blattgrößen, die ein bestimmtes Maß haben und je nach Zeichnung Vorteile bieten.

Welche Blattgröße man beim technischen Zeichnen benutzt, hängt nicht zuletzt von dem Gegenstand ab, den man zeichnen möchte.
Außerdem bestimmt natürlich auch die Größe des Zeichenbretts, welches euch zur Verfügung steht, das Papierformat. Formate bezeichnen genormte Größen.

1. Vervollständige die Angaben in der Tabelle.

Format	lange Seite	kurze Seite
DIN A5		
DIN A4	297 mm	210 mm
DIN A3		
DIN A2		
DIN A1		
DIN A0		

2. Abgebildet ist ein DIN A0-Bogen. Die Linien zeigen die Einteilung in andere DIN A-Formate an. Trage die DIN A-Bezeichnungen an die richtige Stelle und die Maße am Rand ein.

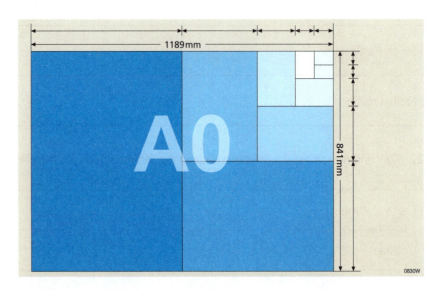

3. Abgebildet ist ein Schriftfeld, wie man es auf jedem Zeichenblatt findet bzw. anfertigen muss. Trage die fehlenden Begriffe in das Schriftfeld ein.

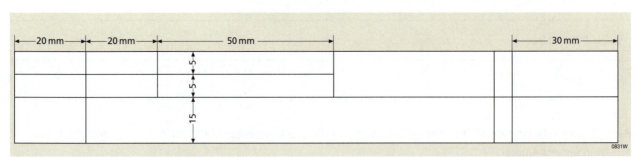

3 Zeichnungen und Formate

1. Nenne Beispiele für Kommunikationsmittel.

_____

_____

_____

_____

_____

2. Welche Aufgaben erfüllt eine Teil-Zeichnung?

_____

_____

_____

_____

_____

3. Werkstücke werden auf unterschiedlich großen Zeichenblättern dargestellt.

a) Nach welcher Vorgabe sind Zeichenblattgrößen genormt?

_____

b) Wodurch ergeben sich die Größen der Blattformate?

_____

_____

_____

_____

_____

4. Welche Informationen können Schriftfelder enthalten?

a) _____

b) _____

3 Normen

1. Wozu dienen Normen in der Technik?

_____
_____
_____
_____

2. In welchen Bereichen, außer der Technik, kommen noch Normen zur Anwendung?

_____
_____
_____

3. Dürfen Normen kopiert werden?

☐ nein Begründung: _____
_____
_____

☐ ja Begründung: _____
_____
_____

4. Von welchen Verbänden und Organisationen werden Normen erstellt?

_____
_____

5. Trage den jeweiligen Gültigkeitsbereich folgender Normen ein:

DIN-Norm: _____

DIN-ISO-Norm: _____

DIN-EN-Norm: _____

Werknorm: _____

3 Maßstäbe

Technische Zeichnungen werden nicht immer in Originalgröße dargestellt. Dies ist aufgrund ihrer Größe oft nicht möglich. Deshalb bedient man sich unterschiedlicher **Maßstäbe** zur Darstellung.

Den Begriff Maßstab kennst du sicher aus dem Erdkundeunterricht. Er wird hier vor allem für Karten und Pläne genutzt.

Mit diesem Wissen im Hinterkopf sollte es dir leicht fallen, Aufgabe 1 zu erledigen.
Versuche bei der Beantwortung auch zu berücksichtigen, warum man manchmal einen Gegenstand zum Beispiel im Maßstab 2:1 darstellt.

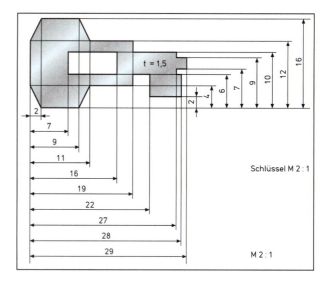

1. Versuche mit eigenen Worten zu erklären, was ein Maßstab ist und warum man unterschiedliche Maßstäbe verwendet.

_____

_____

_____

_____

_____

2. Zeichne den skizzierten Holzklotz im Maßstab 1:1 auf ein Extrablatt.

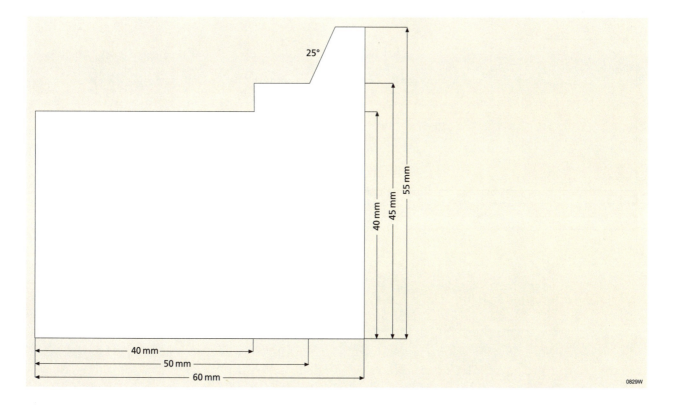

3 Maßstäbe

3. Der abgebildete Holzklotz ist im Maßstab 1:2 gezeichnet. Trage die fehlenden Maße ein.

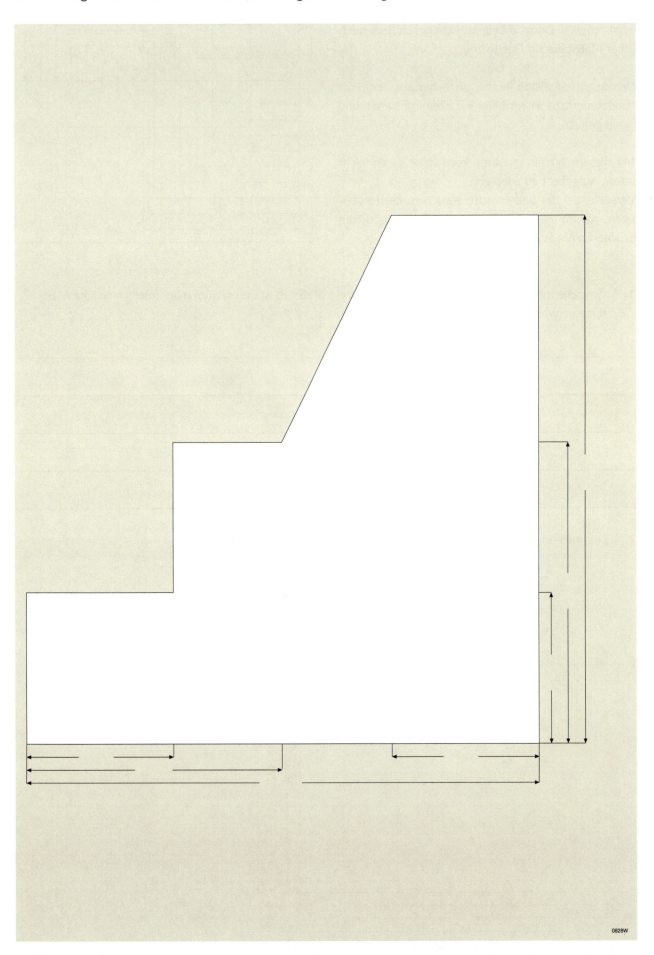

3 Parallelperspektiven

In der Technischen Kommunikation werden verschiedene Parallelperspektiven unterschieden. Eine vielfach genutzte ist die **Kabinettperspekive (Kavalierperspektive)**. Häufig werden auch noch die sogenannte **Dimetrische** und die **Isometrische Projektion** angewandt.

Es gibt allerdings noch mehr Parallelperspektiven. Vielleicht hast du Interesse, deiner Klasse weitere Parallelperspektiven in einem Kurzreferat zu präsentieren?

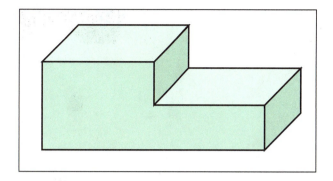

1. Recherchiere und notiere die Merkmale der drei genannten Parallelperspektiven.

_____

_____

_____

_____

_____

_____

2. Zeichne den abgebildeten Körper in allen drei Parallelperspektiven auf Extrablättern. Wähle einen geeigneten Maßstab und fertige je ein Schriftfeld an.

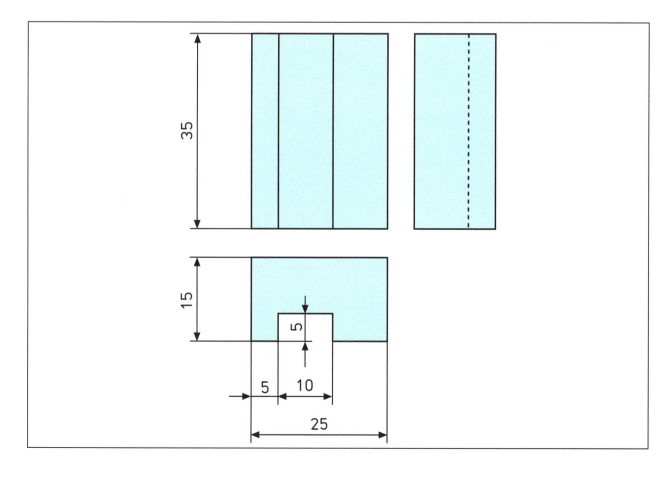

3 Tafelprojektionen

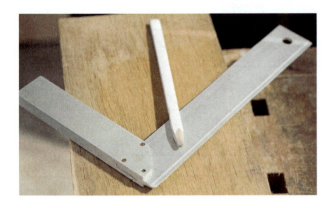

Des Weiteren unterscheiden wir in der Technischen Kommunikation die **Eintafel-**, die **Zweitafel-** und die **Dreitafelprojektion**.

Die Eintafelprojektion zeigt die Seite eines Gegenstandes, die am meisten über seine Form aussagt. Eintafelprojektionen werden meistens bei sehr dünnen Gegenständen verwendet.
Die Dicke des Gegenstandes wird dann extra in der Zeichnung angegeben.

1. Erkundige dich, was Zwei- und Dreitafelprojektionen sind und notiere ihre Merkmale und ihre Anwendungen.

_____

_____

_____

_____

2. Skizziere die Lage der Ansichten des abgebildeten Objekts in der Zwei- und Dreitafelprojektion.

a) Zweitafelprojektion

b) Dreitafelprojektion

3 Tafelprojektionen

3. Skizziere den auf der vorherigen Seite oben abgebildeten Winkel und bemaße die Skizze (Maße sind frei wählbar).

4. Fertige eine Eintafelprojektion des Winkels an. Zeichne im Maßstab 1:2 und bemaße die Zeichnung.

5. Fertige eine Zwei- und Dreitafelprojektion im Maßstab 1:1 auf einem Extrablatt an. Bemaße auch diese.

3 Aufgaben zur Eintafelprojektion

Damit du den Umgang mit Bleistift und Lineal weiter üben kannst, folgen nun einige Aufgaben zur **Eintafelprojektion**.

Informiere dich im Interent, wie man bei flachen Werkstücken in der Eintafelprojektion die Dicke angibt.

1. Suche dir aus den Abbildungen unten zwei Werkstücke aus und zeichne sie im Eintafelbild im Maßstab 2:1. Bemaße sie normgerecht.

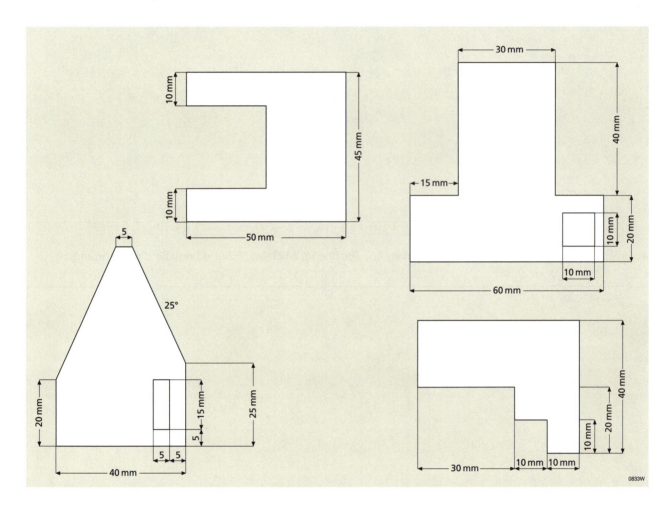

2. Wähle ein Werkstück aus dem täglichen Leben aus, das sich in flächige Bauteile zerlegen lässt. Begründe, warum du dich für welches Werkstück entschieden hast.
Demontiere es und zeichne die Einzelteile in einem frei gewählten Maßstab auf einem Extrablatt.

_____

_____

_____

_____

_____

3 Übungen zur Zwei- und Dreitafelprojektion

Jetzt hast du die Eintafelprojektion ausgiebig geübt. Häufiger in der technischen Kommunikation sind aber die **Zwei-** und **Dreitafelprojektionen**.

Sie geben Aufschluss über das Aussehen des Gegenstandes aus zwei bzw. drei Ansichten.
So ist es für den Betrachter der Zeichnung einfacher, sich ein umfassendes Bild des herzustellenden Gegenstandes zu machen.

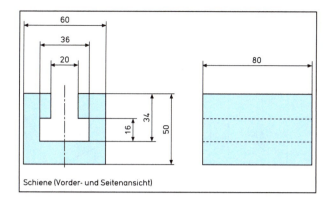

Schiene (Vorder- und Seitenansicht)

1. Zeichne die in der Kabinettperspektive dargestellten Werkstücke in einem Zweitafelbild. Die Werkstücke sind im Maßstab 1:2 gezeichnet worden. Der Pfeil 1 weist auf die Vorderansicht, der Pfeil 2 auf die Seitenansicht hin.

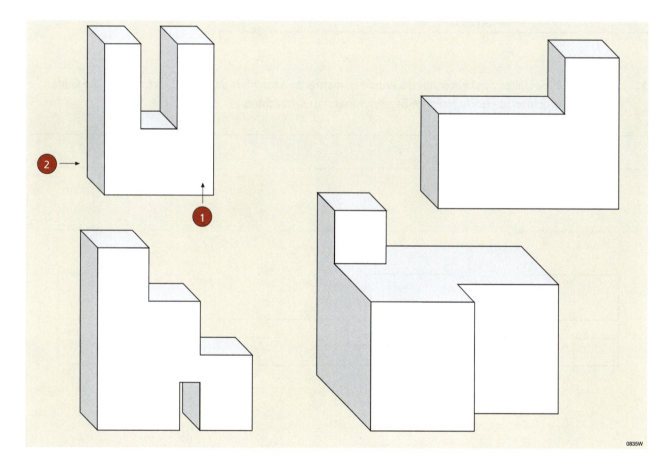

2. Diese Abbildung zeigt die Vorderansicht eines Rohrstücks.
Fertige zunächst eine Skizze der Vorder- und Seitenansicht an. Nachdem du diese überprüft hast, zeichne die Seitenansicht des Rohres im Maßstab 1:1 und bemaße die Zeichnung.

3. Wähle dir einen eigenen Gegenstand aus und zeichne die Vorder- und Seitenansicht im passenden Maßstab. Bemaße die Zeichnung anschließend normgerecht.

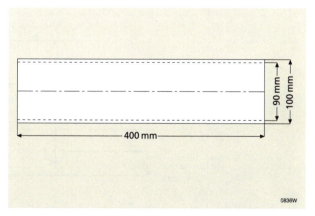

3 Ansichten

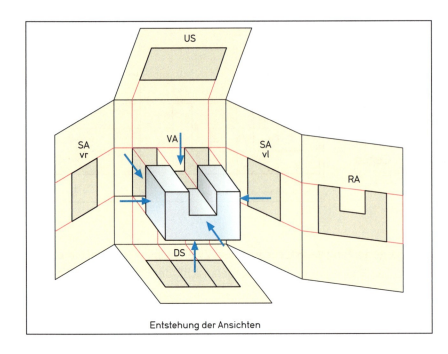
Entstehung der Ansichten

In der Technischen Kommunikation trifft man am häufigsten auf die **Dreitafelprojektion**.
Hier unterscheidet man die Vorderansicht, die Seitenansicht (von links bzw. rechts) und die Draufsicht.

In der Abbildung links kannst du erkennen, wie die einzelnen Ansichten projiziert werden.

Je nach Werkstück müssen unterschiedlich viele Ansichten gezeichnet werden.
Meistens reichen aber drei.

1. Das Werkstück Halter des Lehrenhalters wurde in mehreren Ansichten dargestellt. Schreibe in die Felder über den Ansichten die normgerechte Bezeichnungen der Ansichten.

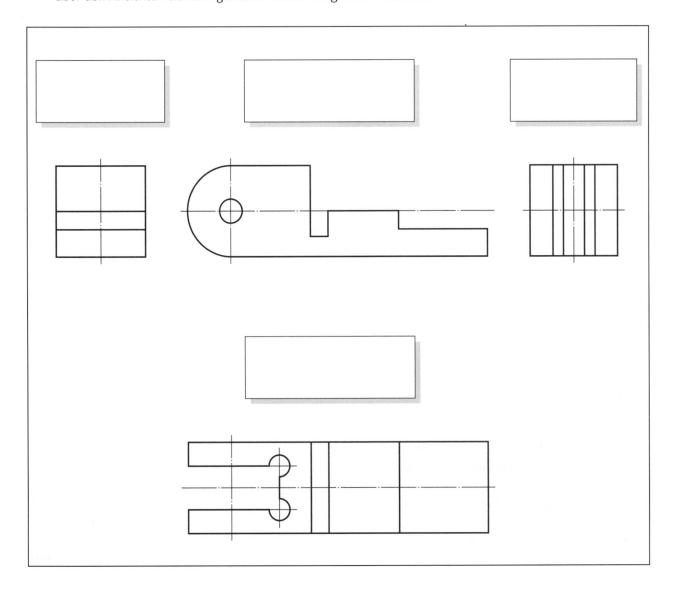

40

3 Prismatische Werkstücke

1. Ordne den Vorderansichten und Draufsichten die jeweils richtige Seitenansicht zu.

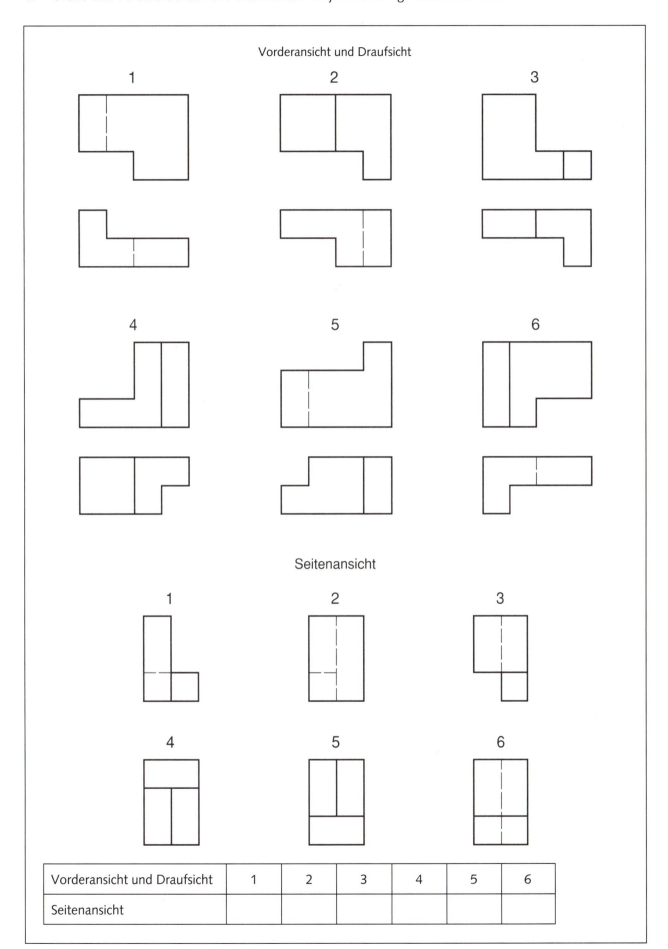

3 Prismatische Ansichten

1. Ordne den Perspektiven die richtigen Vorderansichten, Seitenansichten und Draufsichten zu.

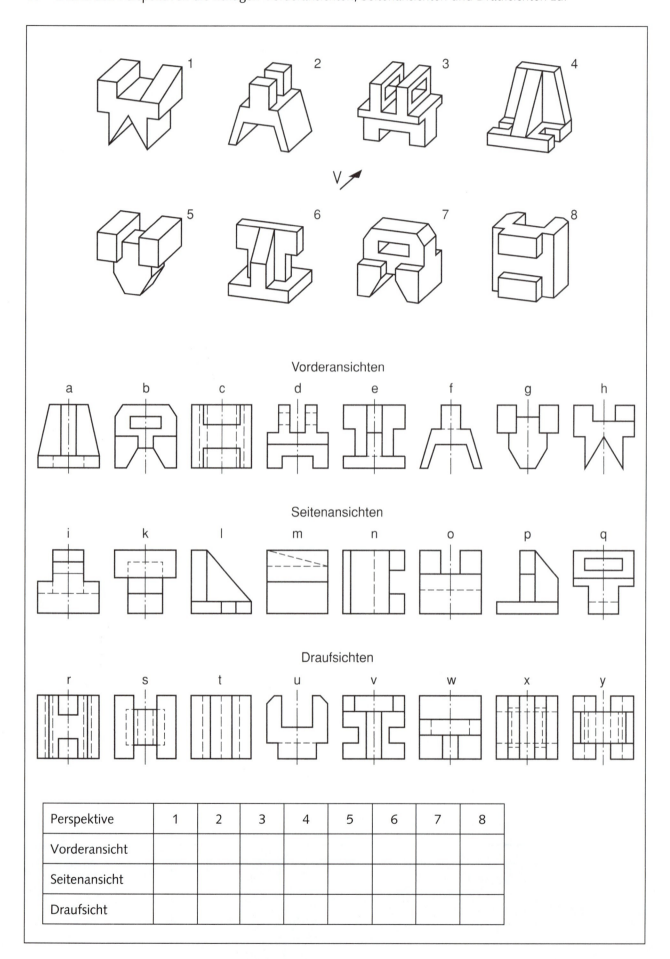

3 Drei Ansichten

Selbst bei kleinen Werkstücken reichen häufig zwei Ansichten zur Fertigung nicht aus.
Wie der Zauberwürfel aus Holz zeigt, muss man wissen, wie die Einzelteile in **drei Ansichten** aussehen.

Bei dem Würfel greifen die einzelnen Teile in der Mitte ineinander. Es gibt also Aussparungen.

Damit man jedes Teil anfertigen kann, benötigt man von allen Teilen eine technische Zeichnung in der Dreitafelperspektive.

1. Ergänze bei den folgenden Zeichnungen jeweils die fehlende Ansicht. Du benötigst ein Extrablatt. Bemaße die fehlende Ansicht und arbeite im Maßstab 1:1.

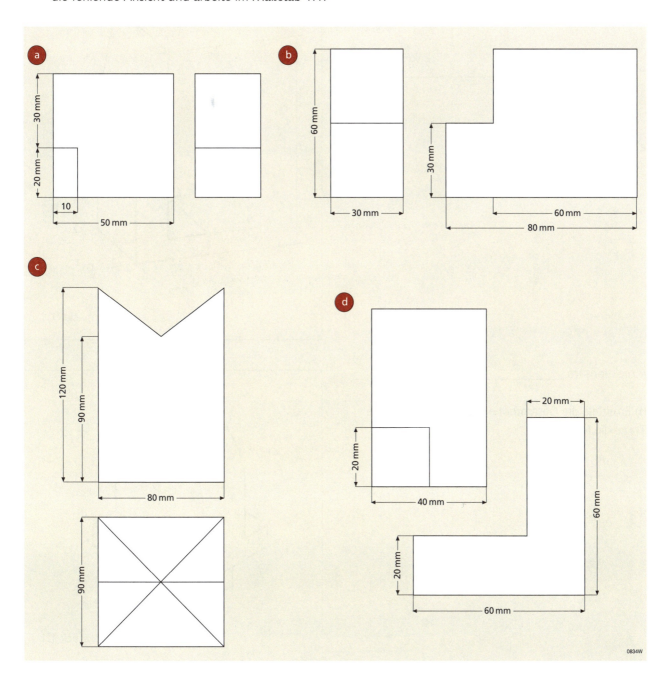

3 Räumliche Darstellungen

Auf Seite 35 hast du dich mit unterschiedlichen Parallelperspektiven beschäftigt.

Du kannst jetzt die Kavaliersperspektive, die dimetrische und die isometrische Darstellung voneinander unterscheiden.

Es sollte dir also leicht fallen, die nächsten Aufgaben richtig zu lösen.

Vielleicht zeichnest du die abgebildeten Gegenstände zur Übung noch einmal in einer anderen Perspektive.

1. Die Werkstücke „Spannbacke" und „Gelenkstück" sind räumlich dargestellt. Schreibe zu jeder Darstellung die gewählte Projektion auf.

Projektionsart: _____

a) Trage die Maße ein.

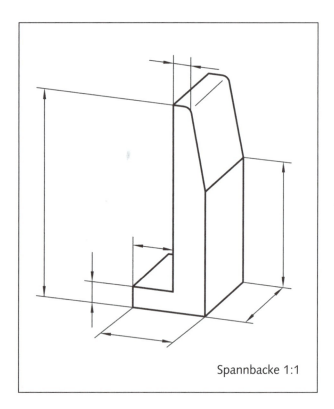

Spannbacke 1:1

Projektionsart: _____

b) Ermittele die Gesamthöhe und die Gesamtbreite. Trage die Maße ein.

Gelenkstück 1:1

3 Räumliche Darstellungen

2. Fertige zu einer der beiden Darstellungen eine Dreitafelprojektion an.

a) Skizziere die Dreitafelprojektion zunächst.

b) Lasse deine Skizze überprüfen und fertige erst dann die Zeichnung an.

Überlege dir, ob du im DIN A4 Hoch- oder Querformat arbeitest.
Achte auf die Blatteinteilung.
Bemaße das Werkstück anschließend normgerecht.

3 Prismatisches Werkstück: Sperrklinke

1. Zeichne das Werkstück in den notwendigen Ansichten. Trage alle zur Herstellung erforderlichen Maße ein.

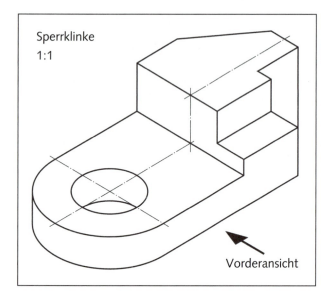

Sperrklinke 1:1

Vorderansicht

3 Prismatisches Werkstück: Nutenstück

Das abgebildete Nutenstück gehört zu einer Spannvorrichtung.

1. Zeichne das Nutenstück in der Vorderansicht, Seitenansicht von links und Draufsicht. Zeichne aus die verdeckten Kanten ein und bemaße das Nutenstück. Die Maße kannst du der im Maßstab 1:1 dargestellten Isometrie entnehmen.

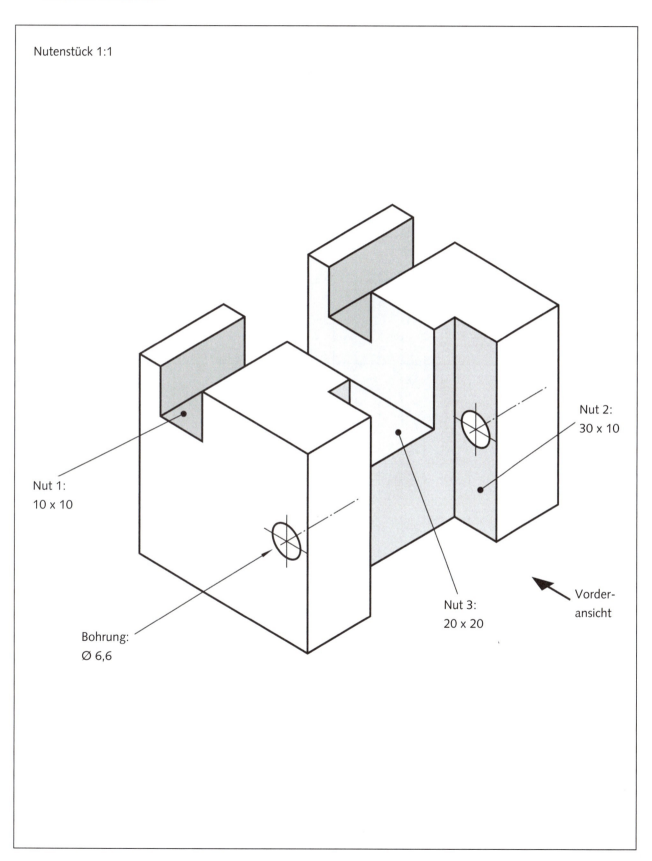

Nutenstück 1:1

Nut 1: 10 x 10
Nut 2: 30 x 10
Nut 3: 20 x 20
Bohrung: Ø 6,6
Vorderansicht

47

3 Arbeitspläne erstellen

Hier ist ein Muster für einen **Arbeitsplan** abgedruckt. Kopiere dir den Plan für deine nächste Fertigungsaufgabe.

westermann		Arbeitsplan		Blatt-Nr.	Anzahl Blätter
Benennung: _____ Werkst./Halbzeug: _____ ☐ Einzelteil ☐ Montage ☐ Demontage ☐	Zeichn.-Nr./ Sach.-Nr. _____	Auftrags-Nr.: _____ Ausstell-Datum: _____ Stückzahl: _____ Termin: _____		Name: _____ Vorname: _____ Klasse/Gr.: _____ Kontr.-Nr.: _____	
Lfd. Nr.	Arbeitsvorgang	Arbeitsplatz	Arbeitsmittel	Arbeitswerte/ Bemerkungen	